ESSA MÚSICA

2009-2013

Ivan Junqueira

ESSA MÚSICA

2009-2013

Rocco

Direitos para a língua portuguesa reservados
com exclusividade para o Brasil à
EDITORA ROCCO LTDA.
Av. Presidente Wilson, 231 – 8º andar
20030-021 – Rio de Janeiro – RJ
Tel.: (21) 3525-2000 – Fax: (21) 3525-2001
rocco@rocco.com.br
www.rocco.com.br

Printed in Brazil/Impresso no Brasil

CIP-Brasil. Catalogação na fonte.
Sindicato Nacional dos Editores de Livros, RJ

J94e Junqueira, Ivan, 1934-2014
Essa música/Ivan Junqueira. – 1ª ed.
– Rio de Janeiro: Rocco, 2014.

ISBN 978-85-325-2924-4

1. Poesia brasileira. I. Título.

CDD–869.91
14-11962 CDU–821.134.3(81)-1

Sumário

A Cecília

e aos filhos

Octávio
Raquel
Suzana
Rafael
Eduardo

Et quod temptabam dicere, versus erat.

– Ovídio

O POEMA

Não sou eu que escrevo o meu poema:
ele é que se escreve e que se pensa,
como um polvo a distender-se, lento,
no fundo das águas, entre anêmonas
que nos abismos do mar despencam.

Ele é que se escreve com a pena
da memória, do amor, do tormento,
de tudo o que aos poucos se relembra:
um rosto, uma paisagem, a intensa
pulsação da luz manhã adentro.

Ele se escreve vindo do centro
de si mesmo, sempre se contendo.
É medido, estrito, minudente,
música sem clave ou instrumentos
que se escuta entre o som e o silêncio.

As palavras com que em vão o invento
não são mais que ociosos ornamentos,
e nenhuma gala lhe acrescentam.
Seja belo ou, ao invés, horrendo,
a ele é que cabe todo o engenho,

não a mim, que apenas o contemplo
como um sonho que se sustenta
sobre o nada, quando o mito e a lenda
eram as vísceras de que o poema
se servia para ir-se escrevendo.

Ó DEÂMBULA ALMA INQUIETA

> Animula vagula, blandula,
> Hospes comesque corporis (...)
>
> PUBLIUS AELIUS HADRIANUS

Ó deâmbula alma inquieta,
por que te moves às cegas
nesse ermo que se enovela
entre o que és e o que pareces?

Por que te pões tão secreta,
se debaixo de teus véus
todos logo te percebem
nos mil papéis que interpretas?

Por que temes, alma inquieta,
esse dia em que, perplexa,
souberes que não te hospedam
o paraíso ou o inferno?

Não te basta o que é terrestre
e se dá à flor da pele?
Por que buscas o mistério
no abismo que desconheces?

É por angústia que o anelas
ou só por gula das trevas
que, profundas, te apetecem
como as carcaças ao verme?

É pela luz que, feérica,
confias ver entre as vértebras
da solidão que te cerca
desde que ao mundo vieste?

Sê mais sábia, ó alma inquieta,
e concede que te levem
as águas em que navegas
sem bússola ou planisfério.

Sê mais sábia – e não esperes
que te curem das mazelas
esses deuses a quem rezas
e que, surdos, te desprezam.

A NÓDOA

Não há nada que lave essa nódoa.
Alguns a lixam, outros a esfolam,
mas nem Deus nem o diabo a removem.

Está nas mãos, nos ossos, nos olhos,
na carne aflora, lúbrica e sórdida,
brota no espírito como um pólipo.

Gruda na pele e, cáustica, a empola,
sugando-lhe a foz de cada poro,
de cada músculo ou mínimo órgão.

Vive nas veias por onde corre,
errática, trôpega, tortuosa,
em busca de um gozo que a renove.

Ignora o que é culpa e toda sorte
de apelo que a torne surda ao mórbido
papel que lhe toca: o do monólogo

que declama nos palcos, monótona
cantilena em cujas turvas notas
vibra apenas o eco de si própria.

Dali não se move, e nem a fórceps
a extirpam do útero onde mora
e cresce em meio à úmida gosma.

Essa nódoa é assim: nada a dissolve,
os ácidos jamais a corroem,
e não a limpam os santos óleos.

Ela dorme entre os homens e os dobra
ao seu fascínio, esse áspero tóxico
que os estropia até ao opróbrio.

É pérfida, falaz e astuciosa,
desdenha do perdão e do remorso
– e escarnece da misericórdia.

A ESFERA

Uma esfera repousa em minha mesa:
vítrea, raiada, esplêndida, perfeita.
Em meio aos velhos códices, aceita
a forma que lhe deu esta certeza
de ser a mais cabal e a mais coesa
imagem que reflete, rarefeita,
a de um olho sem pálpebras, à espreita
do que em si própria é cálculo e beleza.
Recebi-a de alguém cuja tristeza
era tudo o que havia na colheita
de uma ravina calcinada e estreita,
mas onde a luz do início ardia acesa.
Uma esfera que pulsa em pleno abismo,
como se a sacudisse a mão de um sismo.

É TUDO AMOR

É tudo amor, e mais coisa nenhuma
de que sequer se guarde uma lembrança,
um traço, o fluido passo de uma dança,
uma canção que foge em meio à bruma.
É tudo o que há na ponta de uma lança
que nos fere como áspera verruma
e, quando fere, ninguém mais se apruma,
nem que o conserte o gáudio da vingança.
É tudo e apenas o que não se alcança,
o que, às vezes tão próximo, se esfuma
e escorre mais depressa do que a espuma
com que tecem as ondas sua trança.
É a chaga que, sendo fugaz, perdura
e nos dói como um mal que não tem cura.

O TEMPO QUE ME RESTA

Qual o tempo que me resta?
Poderei medi-lo em pétalas
de alguma flor que fenece,
a última de sua espécie?

Poderei fazê-lo em décimos
de um segundo que parece
durar mais do que uma década
ou quem sabe todo um século?

O que é o tempo? Uma névoa
que na ampulheta escorrega,
ou algo que se esfarela
como a areia do deserto?

Será o tempo esse périplo
que não finda nem começa
e que flui antes de que Eva
surgisse de uma costela?

Será ele o tal mistério
de que Agostinho, nas prédicas,
foi o mais cabal intérprete,
mas nunca nos disse o que era?

Qual o tempo que me resta?
O de um dia ou o que medra
entre o agora e o que me espera
no sol-posto das exéquias?

A TUA DATA

Alguém só morre em sua data,
que é única, ôntica, enfática.
Nunca depende de quem vai,
nem de quem fica ao pé da lápide.

É quando o corpo, enfim, se acaba,
e, se dele a alma se aparta,
não cabe a ninguém afirmá-lo,
nem se a tinha, em vida, o finado.

É quando as lâmpadas se apagam
e trocam-se então os cenários,
as máscaras, as personagens
e tudo o que havia no palco.

Não mais as luzes da ribalta,
nem da plateia o eco das palmas
ou, no teu caso, as duras vaias,
pois que pífio foi o espetáculo.

É quando, tudo terminado,
já não te servem as palavras,
e muito menos as metáforas,
algo impróprias aos epitáfios

ou aos prosaicos obituários
em que tua vida é louvada,
não toda, é claro, pois de lado
ficam os crimes e as trapaças.

Até que vem teu centenário.
Frases, fotos, toda uma farta
recordação do que deixaste:
poemas, ensaios, prefácios,

talvez uma obra laureada,
mas de que hoje ninguém mais fala.
Há quem se lembre de um parágrafo,
de um pobre verso desgarrado.

E o resto – teus feitos, as pálidas
mulheres que amaste, as medalhas,
os troféus – se esvai rumo ao nada
ao som das fanfarras de praça.

É TANTO O RESPLENDOR

É tanto o resplendor da alma humana
que me ponho de joelhos, boquiaberto,
diante da nua luz que dela emana,
qual uma flama em ermo céu aberto.
É tanto esse esplendor que não a engana
a trama dos sentidos, ou o incerto
festim da carne que, voraz, se afana
em mantê-la de si sempre mais perto,
sobretudo se a embosca no deserto,
onde o sol, na lonjura seca e plana,
é um desafio à sua glória, à gana
que lhe dá pôr-se toda a descoberto.
É tanta a luz que exala da alma humana
que ela jamais consigo se engalana.

SOBRE O MAL

O mal existe e reina em toda parte,
não apenas, faminto, em nossas almas,
mas também em nossa carne precária.

Dizem alguns que é mais velho que o diabo,
e conta com ilustres ancestrais:
reis, bispos, mártires, damas do paço.

Desde o início se hospeda em nosso quarto,
no berço dos infantes, no regaço
das amas negras que os amamentavam.

Cresce conosco, como um gêmeo álacre,
mas sempre sob um tácito disfarce,
ou em fugaz e ambígua indumentária.

Ensina-nos história, numismática,
alquimia, poética, *pop art*,
física quântica e fissão dos átomos.

Poliglota, jamais dispensa o hebraico
quando folheia os códices sagrados
ou o grego dos textos doxográficos.

Esteve, em meio à turba, no Calvário,
nos Evangelhos de Mateus e Marcos,
no Êxodo, nos Salmos, no Eclesiastes.

Seria ocioso examinar-lhe os vários
saberes, técnicas, ofícios, artes,
que lhe são, como tudo, familiares.

O mal nada mais é que uma outra face
do bem, que é seu parceiro contumaz:
ambos excelem nos jogos de azar.

Cada dia um deles ganha ao acaso,
e nem a mão de Deus pode domá-los:
ela é só uma e eles, muitos cavalos.

Do bem se diz que é belo, enquanto ao mal
cabe a feiura mais extrema e áspera,
a podridão, a infâmia, a peste, os miasmas.

Não é verdade: há no mal uma trágica
beleza em que ninguém repara, um traço
que seduz por náuseo, vicioso, orgiástico.

E é isso o que se vê em suas práticas.
Exemplo: da cozinha mais vulgar
à alta culinária, pois o mal

é prato que se come em qualquer tasca,
na ceia dos apóstolos, na brasa,
na iguaria que se serve a um papa.

Quente ou frio, em vinhas d'alho ou sem nada,
está presente em todos os cardápios,
mas há também quem o peça *à la carte*.

JOANA D'ARC

"Água! Deem-me água benta!"

MARK TWAIN, *Joana d'Arc*

Meu nome era Joana d'Arc,
filha de Isabelle e Jacques.
Cresci sob teto de palha,
entre cães, cabras e gatos,

numa aldeia deslembrada,
Domrémy, se não me falha
a memória que ainda guardo
nos confins da eternidade.

Como os demais, eu brincava
junto à Árvore das Fadas,
e era com elas meu diálogo
antes que as Vozes chegassem.

Ouvi-as. Diziam: "Vai,
Joana, deixa para trás
a casa, as fadas, teus pais
– deixa a ti mesma por lá,

pois agora és só tua alma,
teu pacto com o sagrado,
a espada, a cota de malha,
o sangue, a lama, a nevasca."

E foi então, a cavalo,
que, com Deus, ganhei a estrada:
Vaucouleurs, Orléans sitiada,
Tours, Poitiers, Patay e mais

tudo o que havia no Loire:
castelos, ameias, adros,
tavernas, tendas, soldados,
flâmulas, gládios, batalhas.

E após, em Chinon, o frágil
Carlos VII e a canalha
da corte que o acorrentava,
como à França os seus sequazes.

Para o espanto de seus pares,
logo o vi sob o disfarce
de um emplumado vassalo.
Disse-lhe então, firme e clara,

porque ali eu me encontrava.
Deu-me crédito às palavras.
Deu-me homens, armas, cavalos,
com os quais, mesmo flechada,

escorracei da cidade
de Orléans aquela malta
de ingleses que me insultavam
de bruxa, puta, ordinária.

Eu, a *pucelle*, que jamais
homem nenhum há tocado,
embora sempre rodeada
da soldadesca mais áspera.

Porém, eu quis mais: levá-lo
a Reims para ali coroá-lo.
E assim foi: de um assustado
delfim fez-se um rei de fato.

Não deixo aqui o relato
de meus feitos ou meus atos.
Todos sabeis que sou ágrafa.
Não escrevo, apenas falo

com Louis de Conte, o meu pajem,
que dá forma ao que lhe narro:
dúvidas, mágoas e lágrimas
que choro por minha pátria.

Compiègne. Fins de maio.
Traída, caí nas garras
dos que armaram a tocaia
(João da Boêmia e sua laia).

Venderam-me, de imediato,
aos ingleses. Fui levada
a Rouen, onde me aguardava
a soberba eclesiástica.

À frente, um bispo cevado:
Pierre Cauchon se chamava.
E a ele coube orquestrar
toda a farsa judiciária:

a ambígua prova dos autos,
a denúncia sem amparo
de meu perjúrio, o mau hábito
de vestir-me como macho.

Já estava tudo acertado
entre os ingleses e os padres.
A sentença veio rápida:
morte nas chamas vorazes.

E o mais não há quem não saiba:
ardi no fogo, nas brasas,
nas labaredas da praça
até que fui cinza. E nada.

Eu mal sequer completara
dezenove anos de idade!
Uma outra vez era maio,
o último a que eu chegara.

E foi só. Houve um fugaz
clarão. As trombetas soaram.
Vi Deus enfim face a face.
E acordei na eternidade.

RELÂMPAGO

A navalha de luz do relâmpago
rasga a carne da escuridão
com um estrondo que reboa
mais alto que as trombetas do Juízo.
Será assim o clarão que nos cega
quando a alma, extenuada,
galga os degraus da imortalidade?

O AEROPLANO

Quando eu fiz cinco anos,
meu pai deu-me de presente um aeroplano
que ele próprio construíra
com finas hastes de bambu e papel de seda.
Tão leve quanto uma libélula,
o frágil engenho voou até desaparecer
por detrás do muro do quintal
e dos últimos reflexos de um poente de verão.
Ninguém jamais o encontrou.
Eu ia na cabine. Eu e minha infância,
que nunca mais voltou.

CENA DOMINICAL

Meu pai, absorto, à cabeceira,
rodeado de fármacos e receitas,
mira o vazio de sua vida inteira
e degusta o que mais o deleita:
o pôquer, os cavalos, a roleta,
a garrafa de tinto na mesa,
o charuto de módico preço,
a baforada lenta e espessa
que se enovela entre os esguios dedos.

O almoço de domingo vai a meio,
sem brindes ou inúteis atropelos.
Na travessa, as usuais guloseimas
que minha mãe prepara com esmero.
Fala-se pouco. Uma úmida tristeza
embebe os talheres, molha as paredes
da acanhada sala burguesa.
Após o café, meu pai, sorrateiro,
conta as raras cédulas da carteira.
E sai. Chove. Ágil, ele se esgueira
por entre as gotas que o golpeiam.

Quase em frente, o hipódromo o espreita:
os potros, a lama da pista de areia,
a multidão, os chapéus de feltro,
a dupla, o placê, o colorido das jaquetas.
Meu pai aposta. Uma, duas, muitas vezes.

E deixa ali o seu último dinheiro.

ESPANTALHOS

É tão árduo recordá-los:
ásperos, secos, hieráticos,
à sombra de antigos plátanos,
arqueadas as omoplatas,

como se neles, sem pálpebras,
os olhos se esbugalhassem
em busca da claridade
que em vida lhes foi negada.

Mas em tempo todos saibam
que não falo aqui de estátuas,
nem de intangíveis fantasmas,
e sim de espíritos, almas,

reais criaturas de carne
e osso, com trêmulos traços
do que foi doce e ora amarga
mais que o fel do desamparo.

Delas falo porque o ácido
do marasmo as fez tão pálidas
que jamais nas murchas faces
se lhes vê algo que baile

além de um olhar errático,
uma expressão desdentada,
um vácuo que nelas grassa
desde o crânio até o astrágalo.

São assim como espantalhos
que deambulam nas praças
e de que mofam os pássaros,
mesmo os miúdos e frágeis.

Nas mãos, as sórdidas cartas
de um baralho já sem naipes:
copas, ouros, paus, espadas,
trunfos do tédio e da náusea.

Alguns preferem os dados,
que nunca abolem o acaso,
ou então os reis que caem
nas teias de um xeque-mate.

E outros nem isto: se agarram
ao calor dos tíbios raios
de um sol que se põe, avaro,
por entre os galhos da tarde.

Depois se vão, solitários,
rumo à pensão que os aguarda,
como uma tumba sem lápide,
sem lírios ou epitáfios.

HERDEIROS

Não quis mais vê-los. A besta
da demência deles fez
o que faz uma centelha
na palha seca dos nervos:

retorcidas labaredas
lambem tetos e paredes,
os dentes rilham – são presas,
e o convívio sabe a esterco.

Irmão contra irmão, celeuma
entre os herdeiros. De quê?
De uns trapos, um camafeu
cuja efígie não se vê,

púcaros, cálices, trechos
de um enredo sem desfecho,
polainas de um cinza espesso,
rendas, anáguas, corpetes,

o brilho de um alfinete
numa gravata obsoleta,
frascos de incenso, navetas
de porcelana chinesa.

Em suma, um fátuo cortejo
de ninharias enfermas,
sem serventia ou apreço,
mas pelas quais se peleja

como em busca de amuletos,
de uma relíquia que seja
capaz de lhes dar o ensejo
de se unirem em seu gueto.

Eis que os ouço e logo vejo
o que me desnuda o espelho:
esquálidas silhuetas
numa cena de opereta.

Nela se entoa um dueto
sobre o morto que não deixa
senão as flores do enterro
e os bens que em vida não teve.

Ó MEMÓRIA INSEPULTA

Ó memória insepulta nas areias
da praia a que regresso, mas não ouço
ali a voz dos ventos, o balouço
da espuma nas espáduas das sereias.
Ó memória da infância sob as teias
que as aranhas teceram rente ao poço
do jardim: ervas, lodo, o calabouço
onde se afiam os punhais, as meias
palavras, as intrigas cujas veias
vertem ódios tão duros quanto um osso
e tudo o que separa, fundo fosso,
as coisas puras das mais vis e feias.
Ó memória que augura: ainda és moço,
e a velhice é tão só outro alvoroço.

LITANIA BREVE

À memória de Luiz Paulo Horta

E assim nos deixaste, sem queixa
ou aviso, como quem deixa,

pé ante pé, a cena breve
em que o tempo, fugaz, escreve

a sua história sem sentido
ou som capaz de ser ouvido

na mais alta crista do mundo
ou em abismo o mais profundo.

O som que ouvias, sempre o soube,
o órfico som que te coube

escutar decerto não era
daqui, mas antes o da esfera

onde viviam Bach, Beethoven,
Mozart e os poucos mais que se ouvem

ainda numa estranha escala
de que nem mesmo Deus nos fala.

E não ouvias só as notas.
Ouvias mais: todas as gotas

do coração que as escrevia
com sangue, paixão, agonia.

Saíste antes da hora, esquivo,
quando te víamos mais vivo

que o de costume, no exercício
de teu loquaz mas grave ofício:

refletir sobre a vida, a morte,
a loucura da Cruz, a sorte

do homem nos périplos terrestres,
a fluida música dos mestres.

Lembro-te ao piano: o toque suave,
assim como a asa de uma ave,

que ia do álacre ao sombrio,
do adágio ao *allegro con brio*,

das partituras seminais
à polca e à valsa mais banais.

Lembro-te, enfim, como quem eras
na arena, entre cristãos e feras,

e fui dar-te adeus antes dessa
viagem da qual ninguém regressa.

Então da vida foste embora?
Não: ela em ti começa agora.

RUA NASCIMENTO SILVA, 100, CASA 3

A casa de minha infância
escondia-se no fundo de uma vila
que parecia não ter fim, engolfada por sombras
e fantasmas que galgavam as janelas
e não me deixavam dormir.
Moviam-se no escuro, por entre os galhos, ao som
[aveludado
das asas dos morcegos e das aves noturnas.
Certa vez vi uma coruja que trazia no bico
o corpo esfacelado de um rato
fugido das armadilhas que meu pai, tenaz e ardiloso,
espalhava no quintal, onde se erguiam árvores
cujos frutos eu nunca mais reencontraria vida afora.

A casa de minha infância
guardava incômodos segredos e conflitos:
o ciúme das irmãs, o incesto, os jogos de azar,
a babá devassa que se estorcia nua à nossa frente,
com as gotas da chuva a lhe escorrer pelas coxas,
a visita de um tio demente que fincava os olhos
[na lua
e de súbito gania como um bicho nas florestas da
[noite.

Meu pai e minha mãe falavam à mesa em francês
para que não soubéssemos das mazelas da família.
Foi assim que eu e minha irmã começamos
a aprender as lições de uma outra língua.
E eu escandia nas tardes nevoentas:
Je suis comme le roi d'un pays pluvieux,
Riche, mais impuissant, jeune et pourtant très vieux.

A casa de minha infância
conjugava a um só tempo beleza e crueldade:
minha irmã, os olhos rútilos de prazer,
assou uma lagarta no espeto até reduzi-la a estrita
[cinza.
Inundou-me um horror do qual jamais me esqueci.
Ela o conheceria depois na mais funda intimidade.
Brincávamos à sombra de um tamarineiro,
no tênue limiar da luxúria e da inocência.

A casa de minha infância
quase não tinha livros. Fui lê-los mais tarde
na caótica biblioteca de um vizinho.
Mas lembro-me de ouvir minha mãe falar amiúde
dos contos de Somerset Maugham e Alphonse
[Daudet,
e a voz tonitruante de meu pai a declamar
[os poemas

de Castro Alves e Fagundes Varela, aos quais
[se misturavam
longos trechos dos romances melodramáticos
[de Blasco Ibáñez.
Aos quinze anos, li por acaso estes versos de Lorca:

A la mitad del camino
cortó limones redondos,
y los fué tirando al agua
hasta que la puso de oro.

E eu soube, naquele dia,
que também os escreveria.

OUTONO

As agulhas da chuva fina
tecem uma lívida mantilha
sob a qual me refugio
das inclemências do espírito.
É outono. As folhas tingem
de sépia as bordas do caminho.
Ando a esmo, absorto e sombrio,
a alma entre os dentes, a vida
por um fio. Onde finda
esse inóspito labirinto,
antes povoado de ninfas
e faunos do sol a pino?
Haverá alguma saída
para o tormento metafísico?
Ou temos que voltar ao início
como há séculos faz Sísifo?

O QUE SABEMOS

É quase nada o que sabemos
de nós, do que somos, do frêmito
que nos empurra, débeis duendes,
à cena ambígua da existência.

De onde viemos? Para onde vamos?
Quem nos moldou à sua esplêndida
imagem, se a mão não lhe vemos?
Será mesmo que o fez, consciente

do risco que estava correndo,
da imperdoável imprudência
de dar sopro ao ser cujo empenho
é do deus que o criou ir além,

acuá-lo nas sarças e brenhas
do espírito que, com desdém,
dele duvida e nunca o entende
como algo avesso à estrita ciência?

Quem somos nós? Por que, violentos,
em nossa orgíaca estridência,
não nos curvamos ao silêncio
que pulsa nas sombras de um templo?

Por que nos coube essa doença
de sermos assim tão efêmeros
entre duas datas extremas:
a da morte e a do nascimento?

Pergunto-me às vezes se o engenho
de que, solertes, nos valemos
para negar com veemência
o mistério que nos transcende

não terá sido o tal veneno
que nos fez beber a serpente,
a mesma que, pérfida, engendra
a queda com que se abre o Gênesis?

Perguntas sem resposta ou senso,
cinzas que se espalham ao vento,
restos mortais de um frio poente
que nos lançou no esquecimento,

no anódino vaivém de um pêndulo,
à margem daquele supremo
momento para além do tempo
em que ninguém nos mede ou prende.

Não somos nada, e ao nosso exemplo
não cabe pagar nem um cêntimo,
que é o que vale, aliás, nosso sêmen.
É apenas isto o que sabemos.

ECCE HOMO

O homem que pende na cruz
e a quem chamam de Jesus,

o homem que sofre calado,
seu destino já selado,

o homem que tem mãos e artelhos
tintos de sangue, vermelhos,

o homem cuja carne esfria
e entra agora em agonia

(na cabeça uma coroa
de espinhos o atordoa),

o homem que morre sozinho,
tendo o Gólgota por ninho,

muito embora ali mais dois
morram-lhe antes ou depois,

o homem cuja face agônica
jaz impressa na verônica

e a quem serve de mortalha
um pano tosco ou o que valha,

o homem que, na hora extrema,
duvida, impreca, blasfema

e pergunta, em seu desgaste:
"Pai, por que me abandonaste?"

– Este homem sempre regressa
com sua suave promessa

de vida eterna, de um mundo
sem superfície e sem fundo,

que não pertence a esta Terra
e ao que ela, pueril, se aferra.

Este homem, que hoje se esquece,
já não mais se reconhece

a si ou à sua história,
ao ser humano, essa escória.

No entanto, vê-se que ele ora
por nós agora e na hora

da minha e da tua morte,
mesmo que isto não te importe.

DESPEDIDA

Estamos indo embora. Sobre o piso de ardósia,
por entre caules e corolas que exalam um perfume
[exótico,
os gatos deslizam. São espíritos leves e sóbrios,
com suas patas de veludo, silenciosas,
que arranham a lombada dos livros e o verniz
[dos móveis.
Os tapetes abafam seus passos ociosos,
como se faz quando se acolhem os órfãos.

Doze anos se passaram, e estamos indo embora.
A brisa do mar, com seus úmidos braços,
[nos envolve
e empurra para um outro promontório,
uma outra dimensão de nossa breve história,
de que somos, se tanto, transitórios hóspedes,
peças de um tabuleiro onde o tempo as desloca,
alheio à inútil engrenagem dos relógios,
cujas horas se dissolvem numa névoa incorpórea.

Tanto aqui se escreveu em verso e prosa:
romances, elegias, baladas, novelas e toda uma prole
de rascunhos que iam da perífrase ao apólogo.

Tanto aqui se ouviram o lamento de um fagote,
uma ária de ópera, a lenta pulsação de um órgão,
a inquieta truta de um quinteto de cordas,
essa insistente música que ecoa na memória
e que não pode (nem quer) ir-se embora.
Como estancar as vozes e os acordes
do Réquiem em que Mozart brindou à própria
[morte?
Como esquecer, Palestrina, teu Kyrie, teu Sanctus,
[teu Gloria?
Como calar esse jorro de notas, essa clave de sol
na partitura de uma noite em que faz frio e chove?

Estamos indo embora. Passem o trinco nas portas
e tranquem as janelas pelas quais rompia a aurora.
Apaguem-se a lua e as estrelas, o monólogo
do sabiá na varanda, as nervosas
mãos do vento a sacudir os vitrais da abóbada.
Levem tudo: quadros, taças, santos barrocos,
[oratórios,
todo esse insólito e cediço espólio.
Bebeu-se aqui o álcool da vida até o último gole.
Não se esqueçam da arca que ficou no sótão.
Desliguem a luz (e o gás, senão tudo explode).
Que fique o resto como esmola. Paguem um óbolo
ao barqueiro que nos leva rio afora.
Estamos indo embora.

OS MOCHOS

> Non che teño medo, moucho,
> moucho, non che teño medo.
>
> ROSALÍA DE CASTRO

Pousados num galho torto,
eles me olham bem no rosto,
como aves de mau agouro.

São mais escuros que a noite,
e não gorjeiam nem voam.
Dão-lhes o nome de mochos,

cerzidos em seus *smokings*
de plumas negras, absortos
na vigília cujo escopo

é abater quem anda à toa
nas ermas veredas do horto
ou se oculta numa moita.

Não lhes fogem desde as moscas
aos minúsculos roedores
e às volúveis mariposas.

Mas neste instante o seu olho
é em mim que as aves pousam,
a questionar-me quem sou,

o que faço, aonde vou,
eu, cuja alcunha é transtorno
e tem por sina o desgosto.

O que querem esses mochos?
O butim de um corpo morto
ou a alma que dele escoa

sem glória, sem fé, sem gozo:
seta que tomba em seu voo,
mas nunca alcança o repouso?

OUTRA VEZ, O POEMA

> You say I am repeating
> Something I have said before.
> I shall say it again.
>
> T. S. ELIOT, *East Coker*

O poema não vem logo,
assim como algo que brota
de qualquer áspero solo:
cacto, minério, petróleo.

Mais fundo leem-se um prólogo,
uma arcaica pré-história
de imagens, tropos, infólios,
o mais das vezes insólitos,

pouco visíveis no vórtice
em que os atores se movem
e, como espectros, dialogam
ou dizem só um monólogo,

sobretudo quando, ególatra,
o poema faz-se a si próprio,
sem o timbre de outras vozes
que não as suas, despóticas.

Cumpre aguardar que ele aflore
à superfície da escória
que o encobre em suas dobras
de eras já sem viço, idosas.

É lá, no ermo, que ele dorme
à espera de quem o acorde
e dê-lhe um rosto, uma forma,
a medida de uma estrofe.

Há também, com rédea forte,
que domá-lo enquanto jovem.
O poema, assim que explode
e o ofusca o que há lá fora,

escoiceia, salta, solta
aquele bafo que o afoga
no espanto de quem o sol
bate de frente nos olhos.

Convém então, nesta hora,
pôr-lhe freio ou brida. E um jóquei
capaz de ensinar-lhe o trote
com doçura, e nunca a espora.

Depois é vê-lo a galope,
já sem ter ninguém a bordo.
Ele a sós, indo-se embora
para o infinito onde mora.

ESSA MÚSICA

Essa música que retorna
como o perfume de uma rosa,
essa música que se entorna
de uma ânfora por cujas bordas
escorre ainda o mel de outrora,
essa música insidiosa
numa antiquíssima harpa eólica:
seria o vento em suas cordas?
Seria Orfeu vindo das forjas
do inferno a que baixou, apóstata,
em busca da filha de Apolo,
Eurídice, a esposa morta
por quem até hoje ele chora?
Não é nada enfim. Tudo dorme.
Há, sim, alguém que à noite acorda
e vê-se em ruínas, sem memória
de um tempo que fugiu, mas volta
nessa música que se entorna,
e vai e vem, e vem e torna,
nessa música que retorna
como o perfume de uma rosa.

CIDADE

Cité, fourmillante cité pleine de rêves

BAUDELAIRE, *Les fleurs du mal*

Cidade, ó cidade, onde um sol despótico arde
desde que rompe a manhã até quando se esvai
[a tarde,
jorro de sangue sobre a cúpula desgrenhada
das montanhas, e mais abaixo os alvos campanários,
cujos sinos anunciam as bodas e os ritos funerários
dos que se foram, as pálpebras cerradas sob as areias
[da praia,
a boca inundada pelas águas, onde se movem as algas
e as formas mais bizarras que o mar foi capaz
de engendrar na solidão de suas caves abissais.

Ó cidade encurralada pelas vagas e as escarpas!
Aqui nasci e aqui a morte irá deitar-me as garras
e apagar o espanto que ainda crispa a minha face,
e dissolver o amor que havia em mim a cada abraço.
Como andei por tuas ruas no vapor das madrugadas,
no encalço das putas de túmidas nádegas, entre
[os andrajos
dos mendigos e dos bêbados derreados nas calçadas,

sufocado pelo odor untuoso que emergia das tascas,
nas quais se serviam das mais náuseas vitualhas
ao mais sórdido vinho que acaso vi numa taça.

Cidade dos crimes e traições, da violência, do aço
[das navalhas,
das dançarinas de trôpegos passos, da ruína da carne,
dos rufiões e cafetinas polacas, das moças que se
[entregavam
por qualquer ínfima paga (e às vezes até por nada),
mas também da primeira e ofegante namorada
que escorregava sinuosa entre os meus braços,
como um peixe insubmisso no cárcere do aquário.
Helena chamava-se, e o sol lhe incendiava as tranças
[douradas,
que escorriam pela nuca e desaguavam nas espáduas,
águas convulsas de uma catarata, espuma irisada
na qual, náufrago, eu subia e descia e me afogava.

Unreal city! Fervilhante cidade, onde os fantasmas
agarram-se ao passante como a hera ao branco das
[sacadas
e o musgo à pedra indecifrada que te aguarda no adro
da igreja que ninguém sabe quando edificaram.
Que rudes mãos a ergueram no vazio do espaço?

Quem prega no púlpito ou se esgueira pela nave,
entre os anjos barrocos que agitam suas asas?
Quem sussurra obscenos segredos no confessionário
e acende os círios no altar, onde um Deus sarcástico
deles escarnece e não lhes ouve sequer uma palavra?
Que ossos são esses que se movem sob as lajes?
Vésperas. A voz dos monges galga as colunatas
e ecoa na sinistra estatuária da fachada:
górgonas e harpias de um arcaico bestiário.

Cité pleine de rêves! Aqui escrevi as primeiras baladas,
aqui buscou-me a poesia quando eu menos
[a esperava,
com seus ritmos erráticos, suas ásperas imagens
[e metáforas,
suas palavras para além do que ensinavam
os compêndios de gramática e o rigor dos dicionários.
Todo um mundo de emoções que se transfiguravam
em pensamentos, e estes em linguagem emocionada.
Nele eu me perdi e me encontrei nas páginas
dos poetas seminais, desde o que veio da Trácia,
com sua mítica lira e sua afronta aos poderes do
[Hades,
até aquele de quem ontem reli apenas umas quadras
para sabê-lo, entre tantos, *il miglior fabbro*.

Distantes de mim já se perdiam o eco do logos
[pré-socrático
e o daqueles que o ouviram na Grécia e nas colônias
[da Itália.
Tudo bailava entre o sentido e a música das palavras,
vertentes que no tronco do poema se esgalhavam,
assim como os ramos de uma escura encruzilhada.
Estático e perplexo ante a escolha de um dos lados,
deixei pender os braços e caí como um corpo morto
[que cai.
E foi então que ouvi, vinda não sei de que abismo
[do espaço,
uma voz que dizia, como a de alguém que me
[intimasse:
Et c'est l'heure, ô Poète, de décliner ton nom, ta
[naissance et ta race...

ANTIGO

E então mais uma vez me fiz antigo.
O que se foi é a trilha por que sigo,
liberto nas algemas da medida,
dentro da qual me movo em comovida
procura de mim mesmo e de outra vida
que não seja tão só a de uma ida
sem volta àquela instância que persigo:
a de estar todo tempo a sós comigo.
E assim vou indo, príncipe e mendigo,
sem levar fêmea, fâmulo ou amigo
que os passos me acompanhem na subida
ou os pés se lhes travem na descida.
Não misturo-me ao joio. E eis vos digo:
os outros são o inferno. Eu sou o trigo.

DIZER ADEUS

É difícil dizer adeus,
e não só (pondera) aos teus,

aqueles que foram teu sangue
e agora são matéria exangue,

mas também aos que, fiéis,
estiveram quase a teus pés,

mudos, solícitos, leais,
cônscios do que é o nunca mais.

Difícil dizê-lo à mulher
que se quis e não mais se quer.

O adeus não é um até breve
ou algo fátuo que se escreve

numa folha deitada ao vento,
avessa à mágoa e ao sofrimento,

lágrimas de olhos que não choram,
mãos que acenam e vão-se embora.

Não é fácil dizer adeus
nem ao demônio nem a Deus,

tampouco ao cão que te servia,
na selva escura, como guia.

Não é fácil dizê-lo à vida
o mais obstinado suicida,

e até mesmo o mártir, ao ir-se,
da carne reluta em despir-se.

Dizer adeus é o mais difícil,
o mais antigo e árduo suplício.

Terá Cristo o dito na cruz
ao despedir-se de Jesus?

O MAR

La mer, la mer, toujours recommencée

VALÉRY, *Le cimetière marin*

Ó tu, que sempre recomeças,
sem que ninguém te escute os réquiens
ou saiba de algum mudo féretro
que acolheste em teu cemitério!

Qual o idioma de tuas guelras?
Quem por teus mortos reza a prece
que se lhes deve ou, a capela,
entoe o ângelus perpétuo?

Este, o mar que nos vinha, épico
e cruel, a bordo das galeras,
na boca infausta dos mais velhos,
nas crônicas da Descoberta.

Mas outro mar bramia, imberbe,
de tez macia e águas tépidas,
surdo ao clamor das intempéries
e à voz dos que rogam, submersos.

Mar de minha infância, féerico,
de onde meu pai trazia pérolas

e algas que nos davam à pele
a estranha cor de algo pretérito.

Com ele aprendi o dialeto
das ondas cujas frágeis vértebras
ruíam, lentas, como as pétalas
de uma rosa dita silvestre,

e mais o discurso frenético
da gaivota, a expulsar, colérica,
quem quer que ousasse tirar dela
o domínio de seu império.

E eu corria agarrado às rédeas
do vento que me alava as pernas
e as fundia aos flancos da névoa
dispersa na praia deserta,

onde as crinas de um sol em festa
tingiam o branco das velas,
como a dizer-me, em tom profético,
que só desperta quem navega.

O mar rebentava na fresta
que se abria entre o céu e a terra.
Nossa vida era uma promessa,
e a morte apenas uma ideia.

ÚLTIMO

> Escreve com sangue; e aprenderás
> que o sangue é espírito.
>
> NIETZSCHE, *Assim falou Zaratustra*

E aqui termina este livro,
que se escreveu com a tinta
do sangue, não o que esguicha
do óstio de tuas vísceras,
mas o que, obscuro rio,
torna-se em ti puro espírito.

Anfractuosa é a grafia
das imagens e dos símbolos
que lhe retorcem as linhas,
as fábulas e as perífrases,
algumas que até decifras,
outras que roçam o enigma.

É que nele está escrito
o périplo de uma vida
dissipada nas esquinas
do horror e do meretrício,
vizinha dos ígneos círculos
que fervem inferno acima,

sob o gelo do Cocito,
rente aos meandros do Estige,
no sal grosso da saliva
em boca de quem, lascivo,
tutto tremante, se uniu
à de uma adúltera em Rimini.

Há nele de tudo: estrídulos
timbres da infância perdida,
lembranças do paraíso,
passos em falso, ignomínias
e até preclaros indícios
do que foi crime e castigo:

tu e os teus sobre o patíbulo,
bufões de uma dinastia,
a escutar essa cantiga
que alguém compôs em delírio
e que, conquanto longínqua,
nunca mais foi esquecida.

É uma obra sem capítulos,
que nada possui de prima,
com versos sem hemistíquios,
cesuras ou régias rimas,
e que só deve ser lida
por quem vê quão dura é a sina

de estar aqui, em vigília,
a sós consigo, na fímbria
desse abismo que, faminto,
aguarda de ti um vacilo
que lhe desperte o apetite
para engolir tua alma extinta.

Metáforas em ruínas
de poemas que definham,
embora alguns sobrevivam
e subam à superfície
como náufragos humílimos
deste teu exausto eu lírico.

Assim se fecha este livro,
sem êxito ou douta crítica
e que jamais será lido,
exceto por sua epígrafe:
faz do sangue a tua tinta,
e verás que o sangue é espírito.

DO AUTOR

POESIA

Os mortos. Rio de Janeiro: Atelier de Arte, 1964. Menção honrosa no Concurso Jorge de Lima, 1965.

Três meditações na corda lírica. Rio de Janeiro: Lós, 1977.

A rainha arcaica. Rio de Janeiro: Nova Fronteira, 1980. Prêmio Nacional de Poesia do Instituto Nacional do Livro, 1981. Edição portuguesa: Fundação das Casas de Fronteira e Alorna, Lisboa, 1994.

Cinco movimentos. Rio de Janeiro: Gastão de Holanda Editor, 1982. Estes poemas foram musicados por Denise Emmer no CD *Cinco movimentos & um soneto* (Rio de Janeiro: Leblon Records, 1997).

O grifo. Rio de Janeiro: Nova Fronteira, 1987. Finalista do Prêmio Jabuti, da Câmara Brasileira do Livro, 1988. Tradução dinamarquesa, *Griffen*, Copenhague: Husets Forlag, 1994.

A sagração dos ossos. Rio de Janeiro: Civilização Brasileira, 1994. Prêmio Jabuti, da Câmara Brasileira do Livro, 1995. Prêmio Luísa Cláudio de Sousa, do PEN Club do Brasil, 1995.

Poemas reunidos. Rio de Janeiro: Record, 1999. Prêmio Jorge de Lima, da UBE, 2000.

Os melhores poemas de Ivan Junqueira. Organização e introdução de Ricardo Thomé. São Paulo: Global, 2003.

Poesia reunida. São Paulo: A Girafa, 2005. Finalista do Prêmio Jabuti, da Câmara Brasileira do Livro, 2006.

O tempo além do tempo (antologia). Organização e prefácio de Arnaldo Saraiva. Vila Nova de Famalicão: Edições Quasi, 2007.

O outro lado. Rio de Janeiro: Record, 2007. 2ª ed., 2013. Prêmio Jabuti, da Câmara Brasileira do Livro, 2008.

EM ANTOLOGIAS

A novíssima poesia brasileira, II. Organização de Walmyr Ayala. Rio de Janeiro: Cadernos Brasileiros, 1965.

Antologia da poesia brasileira contemporânea. Organização de Carlos Nejar. Lisboa: Imprensa Nacional/Casa da Moeda. Coleção Escritores dos Países de Língua Portuguesa, nº 6, 1986.

Palavra de poeta. Organização de Denira Rozário. Rio de Janeiro: José Olympio, 1989.

Antologia da poesia brasileira. Organização de Antônio Carlos Secchin, tradução de Zhao Reming. Pequim: Embaixada do Brasil/Fundação Biblioteca Nacional, 1994.

Sincretismo. A poesia da geração 60. Introdução e antologia de Pedro Lyra. Rio de Janeiro: Topbooks/Fundação Cultural de Fortaleza/Fundação RioArte, 1995.

Modernismo brasileiro und die Brasilianische Lyric Gegenwart. Organização e tradução de Curt Meyer-Clason. Berlim: Druckhaus Galrev, 1977.

Poesia fluminense do século XX. Organização de Francisco Assis Brasil. Rio de Janeiro: Imago/Fundação Biblioteca Nacional/Universidade de Mogi das Cruzes, 1998.

41 poetas do Rio. Organização de Moacyr Felix. Rio de Janeiro: Funarte, 1998.

Antologia de poetas brasileiros. Organização de Mariazinha Congílio. Lisboa: Universitária Editora, 2000.

Literatura portuguesa e brasileira. Organização de João Almino e Arnaldo Saraiva. Porto: Fundação Calouste Gulbenkian, 2000.

Antologia da poesia brasileira contemporânea. Organização de Álvaro Alves de Faria. Coimbra: Alma Azul, 2000.

Santa poesia. Organização de Cleide Bacelar. Rio de Janeiro: Casarão Hermê/MM Rio, 2001.

Poesia brasileira. Organização de Floriano Martins e tradução de Eduardo Langagne. Cidade do México: Alforja, XIX, Invierno, 2001.

Os cem melhores poemas brasileiros do século. Organização de Ítalo Moriconi. Rio de Janeiro: Objetiva, 2001.

Os cem melhores poetas brasileiros do século. Organização de José Nêumane Pinto. São Paulo: Geração Editorial, 2001.

Cem anos de poesia. Organização de Claufe Rodrigues e Alexandra Maia, 2 vols. Rio de Janeiro: O Verso Edições, 2001.

Poesia brasileira do século XX. Dos modernos à actualidade. Organização de Jorge Henrique Bastos. Lisboa: Antígona, 2002.

Scrittori Brasiliani, a cura di Giovanni Ricciardi. Nápoles: Tullio Pironti Editore, 2003.

Perfil da Grécia em poetas do Brasil. Seleção de Stella Leonardos. Organização e notas bibliográficas de Teresa Cristina Meireles. Rio de Janeiro: Consulado Geral da Grécia/Francisco Alves, 2004.

Poesía brasileira hoxe. Introdución e antoloxía de Alexei Bueno. Santiago de Compostela: Danú Editorial, 2004.

Poesia straniera, vol. 16, *Antologia della poesia portoghese e brasiliana*, diretta da Luciana Stegagno Picchio. Roma: La Biblioteca di Republica, 2004.

Pescando peixes graúdos em águas brasileiras. Organização de Geraldo Pereira. Goiânia: s/ed., 2004.

Poesia viva em revista. Rio de Janeiro: UAPÊ, 2008.

Roteiro da poesia brasileira. Anos 60. Pedro Lyra (seleção e prefácio). São Paulo: Global, 2011.

ENSAÍSMO

Testamento de Pasárgada (antologia crítica da poesia de Manuel Bandeira). Rio de Janeiro: Nova Fronteira, 1980. 2ª ed. revista. Rio de Janeiro: Nova Fronteira/ABL, 2003. 3ª ed. revista. São Paulo: Global, 2014.

Dias idos e vividos (antologia crítica da prosa de não ficção de José Lins do Rego). Rio de Janeiro: Nova Fronteira, 1981.

À sombra de Orfeu. Rio de Janeiro: Nórdica/INL, 1984. Prêmio Assis Chateaubriand, da Academia Brasileira de Letras, 1985.

O encantador de serpentes. Rio de Janeiro: Alhambra, 1987. Prêmio Nacional de Ensaísmo Literário, do Instituto Nacional do Livro, 1988.

Prosa dispersa. Rio de Janeiro: Topbooks, 1991.

O signo e a sibila. Rio de Janeiro: Topbooks, 1993.

O fio de Dédalo. Rio de Janeiro: Record, 1998. Prêmio Oliveira Lima, da UBE, 1999.

Baudelaire, Eliot, Dylan Thomas: três visões da modernidade. Rio de Janeiro: Record, 2000.

Escolas literárias no Brasil (coord.). Rio de Janeiro: ABL, Col. Austregésilo de Athayde, 2t, 2004.

Roteiro da poesia brasileira. Anos 30 (Seleção e prefácio). São Paulo: Global, 2008.

João Cabral de Melo Neto. Série Essencial. Rio de Janeiro: ABL/ Imprensa Oficial de São Paulo, 2010.

Cinzas do espólio. Rio de Janeiro: Record, 2009. Prêmio Jabuti, da Câmara Brasileira do Livro, 2010.

Reflexos do sol-posto. Rio de Janeiro: Rocco, 2014.

TRADUÇÃO

Quatro quartetos, de T. S. Eliot (com introdução e notas). Rio de Janeiro: Civilização Brasileira, 1967.

T.S. Eliot. Poesia (com introdução e notas). 8ª edição. Rio de Janeiro: Nova Fronteira, 1981.

A obra em negro, de Marguerite Yourcenar. 6ª edição. Rio de Janeiro: Nova Fronteira, 1981.

Como a água que corre, de Marguerite Yourcenar. Rio de Janeiro: Nova Fronteira, 1982.

Prólogos. Com um prólogo dos prólogos, de Jorge Luis Borges. Rio de Janeiro: Rocco, 1985.

As flores do mal, de Charles Baudelaire (com introdução e notas). Ed. bilíngue. 10ª edição. Rio de Janeiro: Nova Fronteira, 1985.

Albertina desaparecida, de Marcel Proust. Rio de Janeiro: Nova Fronteira, 1988.

Ensaios, de T. S. Eliot (com introdução e notas). São Paulo: Art Editora, 1989. Finalista do Prêmio Jabuti, da Câmara Brasileira do Livro, 1990.

De poesia e poetas, de T. S. Eliot (com introdução e notas). São Paulo: Brasiliense, 1991.

Poemas reunidos 1934-1953, de Dylan Thomas (com introdução e notas). Rio de Janeiro: José Olympio, 1991. Prêmio da Associação Paulista de Críticos de Arte (1991) e da Biblioteca Nacional (1992). 2ª ed. revista. Rio de Janeiro: José Olympio, 2003.

Doze tipos, de G. K. Chesterton (com introdução e notas). Rio de Janeiro: Topbooks, 1993.

Poesia completa. T. S. Eliot (com introdução e notas). Ed. bilíngue. São Paulo: Arx, 2004. Prêmio Jabuti, da Câmara Brasileira do Livro, 2005.

Suas traduções dos poemas de Baudelaire e Leopardi constam das edições das obras reunidas desses dois autores, publicados, respectivamente, em 1995 e 1996 pela Nova Aguilar.

INFANTOJUVENIL

Flor amarela. São Paulo: Global, 2011.

FILMOGRAFIA

Apenas um poeta. Documentário dirigido por André Andries. Rio de Janeiro: Teorema Produções Culturais, 2012.

A solaridade do fim. Documentário dirigido por Maurício Melo Jr., programa "História de Acadêmicos". Brasília: Senado, 2013.

Este livro foi impresso na Editora JPA Ltda.
Av. Brasil, 10.600 – Rio de Janeiro – RJ
para a Editora Rocco Ltda.